UN HISPANO MÁS

Jensel N. Ramírez

Reservados todos los derechos. No se permite la reproducción total o parcial de esta obra, ni su incorporación a un sistema informático, ni su transmisión en cualquier forma o por cualquier medio (electrónico, mecánico, fotocopia, grabación u otros) sin autorización previa y por escrito de los titulares del copyright. La infracción de dichos derechos puede constituir un delito contra la propiedad intelectual.

El contenido de esta obra es responsabilidad del autor y no refleja necesariamente las opiniones de la casa editora.

Publicado por Ibukku
www.ibukku.com
Diseño y maquetación: Índigo Estudio Gráfico
Copyright © 2020 Jensel N. Ramírez
ISBN Paperback: 978-1-64086-591-4
ISBN eBook: 978-1-64086-592-1

Índice

Agradecimientos	5
Prefacio	9
Capítulo I *Trabaja mucho y no gana mucho*	11
Capítulo II *Trabaje menos y gane más*	27
Capítulo III *El hombre con fe y el incrédulo*	33
Capítulo IV *Trabaje, ahorre e invierta*	45
Capítulo V *No escuche al compadre*	55
Capítulo VI *Sea feliz mientras obtiene lo que quiere*	61
Capítulo VII *Mente y el corazón*	67
Metas	73

Agradecimientos

Agradezco primeramente a Dios por permitirme llegar hasta el momento donde estoy, también agradezco a mi esposa, Kenia Mejía, por su apoyo incondicional en la elaboración de este maravilloso libro.

El ser humano es capaz de llegar
hasta donde sea capaz de soñar.

Jensel N. Ramírez

Prefacio

En la era en la cual vivimos el empleo no es suficiente, aún así, las empresas están sustituyendo al ser humano por las maquinas robóticas.

En pleno 2020 hemos visto lo alta que es la tasa de desempleo a nivel mundial y como es que cada día sigue creciendo; las facturas no paran, la inseguridad es cada vez más relevante, la pobreza incrementa junto con el hambre, y la falta de medicina afecta a millones de personas.

La pregunta que debemos de hacernos es: ¿cambiará nuestra situación financiera si seguimos haciendo lo mismo todos los días?

¡Definitivamente la respuesta es no! Albert Einstein describió como locura el hacer lo mismo todos los días y esperar resultados diferentes.

En lo personal, conozco a mucha gente que lleva décadas en el mismo empleo y aún sueñan que les dará la casa de sus sueños o unas vacaciones en las que no tengan miedo a gastarse más dinero del que pueden pagar; en otras palabras, viven en una vida de limitaciones.

A continuación usted descubrirá cómo vivir una vida sin limitaciones, sin depender de un empleo, se dará cuenta de que el mundo tiene algo mejor para usted y su familia, después de todo Dios es justo, también le dio un cerebro, queda en sus manos sacarle el máximo provecho a ese poderoso cerebro que está detrás de su frente y que brilla con el resplandor de su mirada.

Comencemos…

Capítulo I
Trabaja mucho y no gana mucho

Si algo está comprobado es que el hispano es quien más trabaja y quien menos ingresos genera, digo esto porque yo también he dependido de un empleo, pero me di cuenta de que había caído en una carrera sin salida y en una rutina que no me estaba llevando a ningún lado mas que al envejecimiento, me estaba perdiendo una vida de libertad sin limitaciones.

¿Alguna vez ha pensado en quién cobra por su trabajo antes de que el cheque de nómina llegue a sus manos?

Déjeme decirle que han habido organizaciones que se reparten una parte de su cheque y a usted le han dado lo sobrante del pago por su trabajo, si no me cree observe en sus talones de cheque e investigue qué es seguridad social, medicare, impuestos federales, etc. Para colmo, todavía le cobran un porcentaje por cambiar su cheque e incluso le toca pagar un poco más al momento de reportar impuestos. En fin, todo esto le pasa a millones y millones de personas, pero la pregunta para usted es: ¿está seguro de que quiere seguir dependiendo de un empleo que ni siquiera es suyo? Digo esto por que muchas veces decimos "mi trabajo" cuando el trabajo realmente es de el patrón y si al patrón mañana se le ocurre quitarle su trabajo usted se verá obligado a conseguir otro empleo.

Hago una invitación para que deje los miedos y dudas que tenga sobre su capacidad de lograr grandes cosas en la vida, después de todo, también conozco hispanos que tienen mucho éxito y si ellos han podido tener éxito en todo lo que se han propuesto ¿por qué usted no?

Le diré una cosa, muchas veces en la educación nos inculcan pensamientos que nos hacen creer que el dinero es malo, que es para los codiciosos, los avaros e incluso que enferma a las personas.

¿Quién no ha señalado que los ricos son ricos por que les roban a los pobres? Yo le diré algo más importante que todo esto, ser rico es una decisión que tiene un precio, pero también recompensas por las que al final vale la pena luchar; ser pobre también es una decisión sin un precio que pagar más que las consecuencias que la vida le trae al ser humano.

Hay una frase que dice: "el haber nacido pobre no es tu culpa, lo que si es tu culpa es morir siendo pobre".Si sacamos cuentas del ingreso mensual de nuestra comunidad hispana veremos que varía de $2,000 a $3,500, pero para muchos desafortunadamente este dinero solo pasa de sus manos hacia otras manos.

¿Alguna vez le ha pasado que se acerca la renta y solamente tiene para eso?

A mucha gente de nuestra comunidad sí y no les alcanza ni para sacar a pasear a sus hijos, mucho menos para sacarlos a comer a algún lugar de la ciudad. Creo que es momento de que usted tome decisiones nuevas que cambien el rumbo de su vida y el estilo de vida de su familia.

Tengo cinco preguntas para usted:

¿Por cuánto tiempo venía a este país?

¿Por qué o por quién haría un cambio en su vida?

¿Qué es lo que ha venido buscando desde hace mucho tiempo y aún no consigue?

¿Qué está dispuesto a hacer para poder lograr lo que quiere?

¿Le gustaría que sus hijos vivieran en la misma situación que usted se encuentra hoy?

Al principio, las preguntas más comunes que surgen en nuestra mente son cómo y por dónde empezar, lo primero que debe de hacer es un cambio de pensamiento debido a que la única diferencia entre el rico y el pobre es la manera de pensar, recuerde que el activo más importante del ser humano es su propia mente;

también recomiendo reunirse con personas positivas, personas que le puedan ayudar a crecer tanto material como espiritualmente, después de todo, dos cabezas piensan mejor que una y el trabajo en equipo es mejor que el individual; reúnase con personas que le digan la verdad y que no lo hagan sentir bien con la mentira; rodéese de personas a las cuales puedes compartirles ideas y ellos compartan sus ideas con usted también, verá que tanta información valiosa podrá almacenar; también es importante que asista a eventos de superación personal y lea libros de superación personal, pues si usted es tímido o le da temor interactuar con las demás personas esos libros y eventos le ayudarán a controlar los temores y dudas que usted pueda tener, tenga en cuenta que para tener éxito es muy importante saber interactuar con los otros; y por último no olvide que dentro de usted está un ganador, vale más de lo que piensas y puede hacer más de lo que se imagina.

El poder del aprender a decir NO

Muchas personas temen decir esta pequeña palabra porque no quieren lastimar o decepcionar a alguien con su rechazo. La palabra NO es muy importante, tanto en lo financiero como en lo personal, son millones y millones los casos en los que alguien pide prestado y por no pagar crea una enemistad con la persona que le prestó dinero, luego lo que pasa es que se pierde un amigo y el dinero, todo esto se puede evitar con la simple palabra NO de no prestar.

Lo siguiente es el NO en lo personal, muchas personas adictas a algún tipo de consumo o material viven atadas a aquello que desean eliminar de sus vidas, pero no tiene suficiente fuerza para decirse NO a sí mismas, por ejemplo cuando un adicto al alcohol o al tabaco desea vivir una vida libre de eso, pero al intentar dejarlo le vuelven los deseos de consumir con locura lo que de corazón desea eliminar, es ahí el momento oportuno de decir NO.

Recuerde practicar el NO con frecuencia y verá resultados diferentes que le sorprenderán.

En la actualidad muchas personas quieren ganar más dinero, pero viven aferradas a un empleo que solo les da para sobrevivir y vivir una vida de limitaciones.

Conozco personas que trabajan 8, 10 o 14 horas diarias, otras que tienen hasta dos empleos, pero lo curioso es que no pasan de ser las mismas personas. Una de las razones por la cual estas personas no avanzan es porque carecen de educación financiera, carecen de desarrollo personal, por si fuera poco, algunos solo agarran su cheque de nómina el viernes y el día lunes ya andan pidiendo prestado, suena algo gracioso pero es una realidad que sucede muy a menudo en nuestra comunidad.

¿Conoces a alguien que se haya hecho rico trabajando 8, 10 o 14 horas diarias para alguien más? No lo creo, de ser así nuestra comunidad sería la más exitosa, respetada y valorada de todas, entonces no cualquier tipo se pararía frente a las cámaras a hablar basura de ella como ha pasado en muchas ocasiones.

Muchas personas me preguntan cómo pueden empezar a emprender algo, lo primero que hago es recomendarle aplicar estos cinco puntos: decisión, visión, enfoque, disciplina y, por último, la humildad.

Decisión

La decisión es el primer punto y uno de los más importantes, debido a que una decisión puede cambiar definitivamente la vida de una o de muchas personas. La decisión es algo personal, es un derecho a tomar algo o elegir simplemente rechazarlo, en otras palabras, uno mismo es quien decide cómo estar, con quien estar y en donde estar; el éxito y el fracaso son producto de una decisión.¿Por qué o por quién tomarías una decisión en este momento?

He escuchado decenas y decenas de comentarios de que si nosotros queremos algo no estamos tranquilos hasta que lo obtenemos, eso es realmente bueno debido a que una vez que nos hemos decidido por algo lo logramos cueste lo que cueste.

Visión

La visión es muy importante debido a que con nuestra mente podemos ver lo que queremos, deseamos o anhelamos en el futuro, el siguiente paso solo es poner el trabajo y esfuerzo para materializar esa visión.

Pondré un ejemplo, ¿cómo se ve dentro de cinco años? Es decir del 2020 hasta el 2025, probablemente ve esa casa y carro de sus sueños, también ve a su familia reunida y feliz.

No necesariamente tienen que ser cinco años, hay visiones que se llevan mucho más lejos, como diez y hasta quince años, todo depende de la persona, qué tanto es lo que quiera y en cuánto tiempo lo quiera.¿Eres un gran visionario? Claro que sí, de lo contrario no estarías leyendo este libro.

Enfoque

El enfoque está muy relacionado con el éxito, la cuestión es que no todos tienen éxito porque su nivel de enfoque es muy bajo. La persona que está realmente bien enfocada es como el león que corre a gran velocidad detrás de su presa y no para hasta conseguir lo que está persiguiendo… enfoque, enfoque, enfoque.

Si algo está comprobado es que podemos no entender muchas cosas, pero cuando nos enfocamos en aprender, como por obra de magia empezamos a ver todo con más claridad, esto pasa solamente cuando alguien está totalmente enfocado y no pierde de vista su objetivo.

Una de mis recomendaciones es que no debe enfocarse en varias cosas a la vez, sino enfocarse solamente en una; es decir que si empieza un proyecto no debe de empezar un segundo proyecto sin antes haber terminado el primero, pues parte del enfoque también es tener un único plan y ese es el plan A, para una persona realmente enfocada no existe el plan B.

Disciplina

La disciplina está totalmente relacionada con el enfoque y también es parte fundamental del éxito de millones de personas. Por lo regular, cuando alguien logra tener éxito en algún proyecto, sea lo que sea, las personas tienen comentarios tales como "tuvo suerte" o "hizo trampa", incluso pueden decir que lo logró con ayuda de alguien más, pero todos estos comentarios no están más lejos que de la verdad.

No importa de donde venga usted, no importa si no tiene diplomas o títulos universitarios, lo que realmente importa es qué tan disciplinado sea con sus asuntos de importancia.

Déjeme preguntarle algo, ¿llega usted a la hora que debe ser o llega pasándose cinco minutos? ¿Hace lo que le piden o solamente entrega las cosas medio terminadas?

Estas son dos preguntas que solo usted puede responderse, déjeme recordarle de que el éxito cada vez requiere de más y más disciplina.

Hay algo más que quiero que sepa: tarde o temprano la disciplina vence a la inteligencia.

Humildad

Es necesario tener humildad tanto para enseñar como para aprender de los demás, ya que la humildad lo engrandecerá en todas las áreas que desee desarrollar. Observe al gran maestro de todas las épocas, Jesús, el hijo de Dios, desde temprana edad él tuvo bastante humildad, tanto para enseñar a los demás como para aprender de ellos, es por eso que sus enseñanzas han sido tan grandes y aun siguen en pie; muchos historiadores de nuestra época lo admiran y lo reconocen como un gran maestro gracias a su humildad.

Entonces por cada escalón de éxito que suba también suba dos de humildad.

Cada día ponga en práctica estos cinco puntos y se dará cuenta de que no es posible cambiar todo el mundo, pero sí es posible cambiar su propio mundo.

Ahora sabe que hay algo más que un empleo, recuerde que el éxito y el fracaso serán ocasionados únicamente por usted mismo y por nadie más.

Atrévase a abrir sus alas y si se cae por intentar volar entonces levántese otra vez y otra vez hasta que esté volando con otras águilas, tenga presente que las águilas no vuelan con las gallinas.

Recuerde que aún hay gente esperando por usted, quizá sea una madre, un hijo, una esposa o un esposo, ese ser querido que lo que más desea es volver a verle;

el tiempo pasa y pasa, si el empleo no es suficiente entonces aventúrese en lo desconocido y no tenga miedo, pues cualquier cosa le es posible para todo aquel que cree, ya no tiene porque pensar que el empleo es la única opción que tiene o que nació solamente para eso.

¿Alguna vez le ha preguntado a Dios cuál es su propósito con usted? ¿

Alguna vez se ha preguntado por qué está tan lejos de su casa y su familia? Los golpes de la vida suelen ser muy duros, pero no importa que tan duros o difíciles sean, lo que importa es que esté dispuesto a levantarse y dar un paso más, después de todo, si no hay luchas no hay victorias.

Tenga en cuenta que si hoy renuncia a su empleo mañana habrá alguien más que ocupe su lugar, no espere a que la vida le de mas golpes, levántese hoy ,empiece hoy, el presente hay que aprovecharlo y vivirlo, el mañana es un futuro incierto.

Los expertos dicen que nosotros como hispanos, independientemente del lugar de donde vengamos, tenemos más posibilidades de volvernos exitosos, todo eso debido a que tenemos una gran fe en Dios y en nosotros mismos, tenemos hambre de superarnos y tenemos energías para obtener un futuro mejor, incluso he escuchado comentarios de personas de este país que hablan muy bien de nosotros, la última vez una persona dijo que como era posible que alguien que no habla ni entiende muy bien el idioma tenga un mejor salario que alguien de este país.

Por último, no quiero que me vengan a decir que las personas como nosotros muchas veces no contamos con ayuda del gobierno ni con una buena educación, algunos de nuestra comunidad están liderando grandes compañías y proyectos de construcciones, si algunos de nuestra comunidad han podido lograr todo esto significa que todos podemos lograr algo grande en nuestra vida, recuerda que la fe mueve montañas.

Volviendo al inicio del capítulo, trabajar mucho y no ganar mucho es una realidad, tome en cuenta que antes de que usted cobre su cheque ya hubieron organizaciones que se lo repartieron, por si fuera poco, la clase baja es la que más paga impuestos, entre más duro trabaje más dinero le quitan de su cheque. Mi recomendación es que si usted es joven luche por vivir la vida, el día que se va hoy no regresará nunca, aproveche su juventud porque la vida se va día a día y minuto a minuto, pregúntese a usted mismo ¿cuál es el legado que quiere dejarle a su familia?, ¿por qué quiere que su familia, conocidos y amistades lo recuerden? No desperdicie un día más. Si usted es viejo, déjeme decirle una cosa, si aún está con vida todavía hay esperanza de lograr lo que quiere, hágase las mismas preguntas: ¿por qué quiere que lo recuerden? ¿qué legado quiere dejar a su familia?

Recuerde que en ningún país es ilegal volverse rico, al contrario, a los gobiernos de cualquier país les gusta el espíritu emprendedor porque la economía crece.

Déjeme decirle que los negocios no son ilegales, sin embargo, el trabajo sí lo es para millones de nuestra comunidad, entonces hay un camino por la cual dirigirnos y ese es la vía de los negocios.

Imagine por un momento cómo sería su vida si no tuviera que depender de un empleo y fuera dueño de un gran negocio, ¿qué es lo primero que se le viene a la mente?

Cada día debemos recordar que nuestra mente es como una esponja, si la ponemos en un recipiente de agua limpia la esponja absorberá esa agua limpia, pero si la ponemos en un recipiente con agua sucia también absorberá esa agua sucia; lo que quiero decir es que el tipo de persona que sea dependerá de la manera en la cual fortalezca su mente. Podemos asumir que el recipiente con agua limpia permitirá a su mente recibir cosas tales como honestidad, honradez, creencia en usted mismo, el aprender a perdonar, etc. Es decir, sueños y metas bien definidas; el recipiente con agua sucia y contaminada permitirá que su mente reciba cosas como rencor, envidia, egoísmo y pobreza mental, no le permitirá creer que pueda lograr cosas buenas en su vida, no le permitirá tener ni un sueño ni metas bien definidas. Entonces, amigo, la decisión está en nosotros mismos, recuerde que lo que usted piense de usted mismo determinará su éxito y cuán lejos puede llegar.

Un dato curioso es que la pobreza primero se produce en la mente de las personas y luego se materializa en su vida, un claro ejemplo de esto es que si le llegamos hablar de dinero a un pobre lo primero que dirá es que es imposible, que no se puede hacer o que lo tome como un chiste. La única gran diferencia entre la riqueza y la pobreza es la manera que tenemos los seres humanos de pensar de nosotros mismos, si piensas que eres pobre y que la riqueza te es imposible ¡morirás siendo pobre!

Puede que su situación financiera en este momento no sea tan buena, pero confíe en usted mismo, sabe que es simplemente una condición temporal. Déjeme decirle algo, tarde o temprano tendrá éxito financiero porque su mente está abierta al mundo real, tenga en cuenta que el activo más importante que tiene es su mente.

Desafortunadamente la mayoría de nuestra gente confunde el éxito y la prosperidad con las comodidades, conozco personas que viven rentando grandes casas, pero desafortunadamente esas casas nunca serán suyas; también hay muchos con carros del año, pero que apenas han pagado la prima, en otras palabras, el *down payment*; otras personas que tristemente se endeudan con los bancos solo para viajar y ver a un artista berrinchando en una tarima. Desafortunadamente, en la sociedad nos gusta presumir cosas que no están a nuestro alcance y que realmente solo nos empobrecen más, debemos si cambiamos nuestra mentalidad todo nuestro mundo cambiará.

Déjeme decirle que si usted sueña con viajar, con tener un carro del año, con una casa propia o con cualquier cosa, es posible conseguirlo siempre y cuando se decida, tenga una visión clara, se enfoque, se discipline y no olvide la humildad, entonces verá que todo lo que quiera jugará a su favor, teniendo en cuenta la Fe en usted mismo y en Dios.

Entonces, ¿qué debemos de hacer para no confundirnos con el mundo real?

Primero educar nuestra mente, ya que esto es lo más importante en áreas financieras, sociales, culturales y personales;

Segundo, recomiendo reunirse con personas positivas, haga una lista de estas personas con las cuales pueda tener una buena comunicación;

Tercero, ignore la crítica y los malos comentarios que los demás puedan hacer contra suya, cuando las personas empiezan a criticar es porque ven que alguien está avanzando en algún proyecto, ¿por qué digo esto? porque nadie lo critica cuando no hace nada y todo parece estar normal;

Cuarto, no tenga miedo de cometer errores, simplemente aprenda de cada uno de ellos y verá que se volverá más inteligente, debido a que los errores no se toman como un fracaso, sino como una lección de aprendizaje;

Quinto, no importa cuantas veces se caiga, lo que verdaderamente importa es cuantas veces se levante y de un paso más hacia delante.

"No tenga miedo de emprender, tenga miedo de pasar trabajando de 20 a 30 años para otro".

Capítulo II
Trabaje menos y gane más

Podemos ver un claro ejemplo de trabajar menos y ganar más si compráramos el trabajo de un herrero, varillero o carpintero con el trabajo de un dueño de negocio o empresario, ¿quién gana mas? Definitivamente los últimos dos mencionados, debido a que estas personas solo se encargan de recibir e invertir su dinero, son personas que establecen sus propios horarios para visitar sus negocios, personas que se otorgan sus propias vacaciones, personas con el mejor tiempo de calidad con sus familias etc. Estas personas trabajan únicamente con su cerebro, no necesitan estar de pie con un martillo en mano o andar cargando herramienta en su cuerpo, no necesitan trabajar por dinero porque el dinero a trabaja para ellos. Mi pregunta para usted es ¿de qué lado le gustaría estar?, ¿del lado de los negocios o del lado del empleo? si esta leyendo este libro es por que realmente está interesado en estar del lado de los negocios y lo está haciendo de la manera correcta, debido a que las personas que no leen son aquellas que menos información acertada poseen. Preste un poco de atención al comportamiento de los ricos, ellos poseen el gran hábito de la lectura, ya que saben que entre mas información correcta tengan se vuelven más hábiles en los negocios, por lo que se hacen más ricos, tanto mentalmente como económicamente; otro dato curioso de la lectura es que desarrolla sus habilidades cerebrales a gran escala.

Preste atención a que los ricos no usan las redes sociales para perder su tiempo en ellas, ni mucho menos para andar divulgando sus vidas privadas, las usan únicamente para hacer marketing y eso les genera ganancias del producto que están promoviendo, también me he dado cuenta de que ellos no hacen reuniones para hablar de futbol, de boxeo o de la vida de los demás, para tener éxito es necesario hacer una cambio en los hábitos que le impiden llegar hacia donde quiere. ¿Qué tan dispuesto está a hacer cambios en su vida para llegar a donde quiere llegar?

En este momento su corazón palpita y le da el valor de decidir por el camino correcto mientras su mente se une con el corazón para llevarlo hasta donde usted quiera llegar.

Entonces, amigo mío, quedamos en que existe una gran diferencia entre los hábitos de ricos y pobres, hábitos que se pueden definir como aquellos que sirven para enriquecernos tanto en lo personal, económico y espiritual; y los hábitos que simplemente nos empobrecen más.

Hoy en día es increíble la cantidad de personas que están buscando algo más que un simple empleo, personas que se dan cuenta de que el empleo ya no es suficiente para esta época. Como anteriormente dije, la pobreza primero se genera en la mente de las personas de igual manera la riqueza, un claro ejemplo de todo esto es cuando una personas desea de gran manera la casa de sus sueños, la mente pobre dice que es imposible lograrlo y que eso es solamente para los ricos, es ahí el momento donde la mente se cierra y se resiste al cambio, se resiste a creer que algo puede ser posible; en cambio la mente rica piensa y analiza primero cómo puede conseguir esa casa, abriéndose así de manera sencilla a las ideas y maneras para poder lograrlo, ¡ahí es cuando automáticamente el cerebro se pone a trabajar y a producir buenas ideas!

Un dato curioso es que cuando empiece a educarse y fortalecerse mentalmente no solo sus ingresos aumentarán, sino que también crecerá como persona de éxito. Recuerde que usted se merece más de lo que piensa y puede hacer más de lo que imagina, siempre hay más de un motivo para querer luchar, pero esta vez lo hará de la manera correcta y poseyendo la información adecuada, después de todo, en esta época la información es casi todo lo que el ser humano necesita para poder salir adelante.

"Recuerde que las águilas vuelan con las águilas, no con las gallinas."

Empiece desde cero, todos los grandes de nuestra época cuentan sus historias de cómo comenzaron su éxito desde ahí, y es que para empezar a invertir no necesita una cuenta de cien mil dólares, puede empezar poco a poco, pero recuerde que la primera inversión que debe hacer es a usted mismo y a su mente.

Basta solamente con que decida ser su propio jefe o dueño de negocio, recuerde que la mente es muy poderosa y cuando usted tiene un sueño bien definido la mente no se queda en paz hasta ver ese sueño hecho realidad.

Persiga su sueño con amor, hágalo con pasión, haga lo que a usted realmente le gusta hacer, no olvide que los límites los pone uno mismo, las excusas las pone uno mismo, en otras palabras, nos mantenemos en lugares en los que no queremos estar, pero inconscientemente nos quedamos ahí, sin darnos cuenta de que sería posible estar donde realmente quisiéramos.

De ahora en adelante reviva ese sueño, inyéctele vida a esa visión que está en su mente y corazón, recuerde que viene desde muy lejos como para perder el tiempo en la televisión o con los amigos que no hablan más que de fútbol o de los demás, aléjese de ellos, pues no se beneficiará de ninguna manera más que quitándose su valioso tiempo.

Viene desde muy lejos, amigo mío, y si pudo llegar a este país ¿qué le impide llegar a alcanzar sus metas?

Desafortunadamente nuestra comunidad se ha visto muy afectada por el miedo, ese que detiene el avance, las cadenas imaginarias que detienen el impulso y que atan a millones a un empleo y a un hogar lleno de limitaciones, la gran mayoría de estas personas se quejan de sus empleos y de sus salarios, pero la realidad es que cualquiera que desee puede cambiar su estatus. Desafortunadamente, para muchos los miedos son más grandes que sus sueños, y es que muchas veces tenemos miedo del qué dirá gente; de todas formas, si lo hace bien lo van a criticar y si lo hace mal también, entonces ¡inténtelo, atrévase, hágalo ya!, debido a que el éxito o el fracaso serán ocasionado por usted mismo y por nadie más.

Hágase una pregunta: ¿cuántos años lleva aquí y por cuántos venía?, ¿ya logró sus metas? Son preguntas personales, pero realmente no importa cuántos tiempo lleve aquí o si aún no ha cumplido sus metas, lo que importa es que esté dispuesto a comenzar una vez más.

Capítulo III
El hombre con fe y el incrédulo

Jesús les enseñó a sus discípulos el gran significado y poder de la fe diciéndoles que aquel que tuviera fe como un grano de mostaza sería capaz de mover montañas.

La fe cura enfermedades aún cuando los médicos dicen que ya no hay nada que hacer, déjeme recordarle que siempre hay una última esperanza y esa esperanza es Dios, solo necesita tener fe en usted mismo y en Dios.

Haga una oración de fe, no es necesario que sea un buen orador, pues para hacer una oración de este tipo solamente necesita presentarse delante de Jesús y hablar con la verdad, con un corazón humilde, no olvide que Dios aún escucha nuestras oraciones. Cuando usted tenga fe las puertas se abrirán como por arte de magia y el camino hacia donde quiere llegar se iluminará, la puerta que Dios abre nadie la puede cerrar, de igual manera, la puerta que Dios cierra nadie la puede abrir.

La palabra Fe significa la certeza de lo que se espera y la convicción de lo que no se ve, un claro ejemplo es cuando usted tiene una visión clara de lo que quiere ser o tener, y aunque aún no lo tenga en sus manos, usted afirma y reafirma que lo tendrá, eso es tener fe en usted mismo y en Dios.

No olvide de que Dios es justo y soberano, que si ora con fe y creyendo que recibirá lo que en la oración pida, Dios contestara y proveerá lo que tanto ha estado esperando. Algo que debo enfatizar es que Dios no trabaja por sus sueños, somos totalmente responsables de nuestras desgracias y de nuestros momentos de éxito, Dios simplemente se encarga de darnos el respaldo que necesitamos, por ejemplo, cuando Dios pone un sueño en nuestras mentes y corazones él simplemente se encarga de mostrarnos la obra que él quiere hacer en nuestras vidas.

Recuerde que Dios es justo y soberano, él nos conoce a cada uno hasta por nombre, él se encarga de darnos cosas según nuestras capacidades y nuestra disposición para llegar, Dios no pondrá en usted una misión o visión que no pueda realizar, recuerde que él es nuestro ayudador, nuestro respaldo, en quien nosotros podemos confiar, él se encarga de mostrarnos el camino y abrirnos las puertas.

La mayoría de las personas se la pasan clamando y pidiendo a Dios por sus sueños, pero por desgracia no están dispuestos a empezar a materializar ese sueño por el cual tanto piden, también Dios les está pidiendo que ya no oren tanto por sus sueños, sino que se pongan en marcha hacía su realización, pues ¿de qué le sirve a alguien pasarla orando todos los días si no deja de perder su tiempo en el televisor ni se pone en marcha para lograr lo que quiere? ¿De que le sirve a alguien así orar todos los días por lo mismo? Creo que absolutamente de nada.

¡Él quiere que actuemos y actuemos ya!

La biblia nos relata un pasaje donde Moisés le clama a Jehová por los hijos de Israel, Jehová en respuesta le pide que dejen de clamar y que marchen, entonces ¿qué es lo que Dios quiere de nosotros? Quiere que marchemos y que dejemos de pedir tanto al cielo.

¿Es muy importante que siempre estemos en comunicación con Dios a través de la oración? Claro que sí, aunque Dios ya sabe cuál será nuestra oración a él le gusta ver un corazón sincero y humilde delante de él, le gusta que con sus propias palabras usted le de gracias, que le pida perdón y que bendiga su nombre. Recuerde amigo mío, ¡si Dios está de su lado no hay nada ni nadie quien pueda detenerlo!

Si nos ponemos a pensar nos daremos cuenta de que hoy en día la tecnología está bastante avanzada, cada vez nos sorprende más y más, y entre más pasa el tiempo se está empleando a menos población debido a que una máquina puede hacer el trabajo de varios individuos a la misma vez, esta es una clara advertencia de que debemos acelerar el proceso hacia el éxito.

Cuando salgas de casa presta atención a como hoy en día las grandes tiendas han cambiado la manera de procesar los pagos de productos, uno mismo los escanea y los embolsa, realiza el pago y de inmediato la máquina nos da un recibo con el cambio; wow, como la tecnología ha cambiado al mundo, años atrás no existían este tipo de máquinas, entonces ¿qué pasa? que por cada máquina de esas es un empleado menos. Preguntémonos cuántas maquinas de esas ya hay alrededor del país, sin mencionar alrededor del mundo, claro que podemos decir que son muchísimas, por lo tanto también hay muchísimas personas a las que se les ha reemplazado por una máquina, y ¿qué pasa cuando el empleo es la única fuente de ingreso de un hogar? Algo que todos hemos escuchado es que la renta ni las facturas de pago esperan.

Definitivamente tenemos que dejar de pedir tanto y ponernos a actuar más, tampoco olvide a ese ser querido que extraña y anhela volver a ver, recuerde que por cada día que pasa esa persona es un día mas vieja, y es posible que si deja pasar el tiempo en vano su ser querido ya no sea así como lo dejó. Recuerde que mamá está envejeciendo, papá también, entonces ¿qué espera? Ya es hora de que marche y que lo haga con todas sus fuerzas; nadie, absolutamente nadie, hará las cosas por usted.

Le recomiendo que sea la oveja negra de la familia, esa oveja que es diferente a los demás no solamente por su color, sino también por su valor y espíritu de aventura, esa oveja que prefiere arriesgarse en aventuras desconocidas y morir intentándolo que nunca haber intentado nada; esa oveja que está dispuesta a pagar el precio que muchos no quieren pagar y que está segura de que todo lo se proponga en su corazón lo logrará. Empiece a marchar ahora ¡ánimo, usted puede!

Ahora mismo haremos una oración juntos, repita después de mi:

Señor Jesús, tú que habitas en el trono de gracia y de gloria, bendito es tu nombre.

Esta mañana, esta tarde y noche me presento delante de ti para darte las gracias y que por tu gracia hasta este momento estoy bien de salud, se que me has traído a este mundo con un propósito verdadero, confío plenamente en ti y hoy acepto el reto de marchar por mi sueño, de cumplir esas promesas que aún están pendientes.

Presento delante de ti mi disponibilidad para que tu obra sea cumplida a través de mí.

Ayúdame a ayudar a los demás, recuerda todos los días que yo he nacido para ganar y que no hay nada ni nadie quien pueda detenerme, todo lo pido en el nombre del padre del hijo y del espíritu santo, amén.

Tenga fe en todo lo que haga y sus graneros serán llenados todos los días por el resto de su vida, no olvide que el éxito que logre tener también será el éxito que le cree a sus hijos y nietos, si aún no los tiene algún día los tendrá.

Una su espíritu con su mente y serán uno solo, de igual manera, tome la mano del creador y no habrá nada ni nadie que pueda detenerle. Quizás pierda amigos y hasta su empleo, pero no pierda lo más importante, que es la fe en usted y en Dios, ya que la fe le dará nuevas fuerzas para seguir adelante. Cada mañana que se levante y se vea al espejo recuérdese a usted mismo quién es y a qué ha venido, acuérdese de que es un ganador y que no importa nada, porque cueste lo que cueste usted va a lograr sus metas. ¡Siga marchando hacia la cima del éxito!

La incredulidad es algo que afecta significativamente al ser humano, en muchos casos destruye matrimonios y hasta familias enteras, destruye buenas oportunidades de negocio, muy buenas amistades y también los estatus financieros, entre otras cosas. El individuo incrédulo es aquel que no cree ni en si mismo ni en los demás, para este tipo de persona todo es imposible, sus impulsos y consejos afectan significativamente a los otros. Los incrédulos también son conocidos como los sabelotodo, cuando realmente no saben nada, pero opinan tan detalladamente que logran convencer a los demás de que están equivocados, incluso les pueden meter miedo a las otras personas dejándolas con la idea de no intentar nada porque les puede ir peor, ¿qué debemos hacer con este tipo de personas? Simplemente entienda que ellos no piensan de la misma forma en la que usted piensa, están cegados por sus propias opiniones, ignore sus consejos erróneos sin faltarles al respeto, pues no son de mucha ayuda para la salud mental del ser humano. Pero debemos respetar las opiniones de los demás y simplemente apartarnos de ellos. Mi recomendación es que se aleje de este tipo de personas, y de su consejo, rechace sus opiniones y mantenga en secreto sus proyectos de todos ellos, ya que la incredulidad está bastante relacionada con el negativismo. Desafortunadamente para nosotros, estamos bastante rodeados de este tipo de personas y los podemos encontrar hasta en nuestra propia familia, personas que en algún momento de sus vidas intentaron conseguir algo y fracasaron, pero el fracaso no fue el error, el verdadero error fue que no lo intentaron una vez más, sino que simplemente se dieron por vencidos para siempre. La realidad es que ni usted ni yo estamos dispuestos a tirar la toalla, sin embargo no aceptamos un "NO" por respuesta a las metas y sueños ya establecidos.

Cinco puntos importantes para vencer la incredulidad

Paso uno: aléjese de los sabelotodo, ya que este tipo de personas no ven mas allá de sus narices, para ellos es muy común pensar que las oportunidades se ven con los ojos, cuando realmente se ven con la mente. Sea gentil con este tipo de personas, porque aunque usted tenga razón, ellos no aceptarán que están equivocados, ya que desafortunadamente para ellos, su ignorancia no les permite abrir sus mentes.

Paso dos: no cuente con los incrédulos para sus proyectos personales, si hace esto le estará dando las llaves de su auto a un ciego para que lo conduzca, y ya se podrá imaginar cómo puede terminar todo; en cambio, cuente con personas más receptivas, estas pueden darle algún tipo de consejo beneficioso.

Paso tres: que lo más importante para usted sea su creencia en usted mismo, véase como el ganador que es, y no deje que nadie ni nada corte sus alas, que los comentarios desmotivadores le entren por un oído y por el otro salgan.

Paso cuatro: convenza a su pareja de trabajar en equipo, no importa cual sea su proyecto, es necesario que trabajen juntos. Menciono esto porque es bastante común escuchar que el hombre está de acuerdo pero la mujer no o viceversa. Es bastante importante motivarse el uno al otro, confiar en que es posible, recuerde que dos cabezas son mejor que una.

Paso cinco: evite ver y escuchar a personas tóxicas, ya sea por la radio o la televisión. A través de algunos tipos de música y programas televisivos se transmiten mensajes destructivos que van directamente a su cerebro, pero también hay música que lo relaja y le da paz, eso es genial, usted sabe que música lo edifica y cal lo destruye, ¡la decisión es suya!

Cuando emprenda su propio proyecto y quiera involucrar a algunos amigos es posible que le den un no por respuesta, ya que estas personas están acomodadas en un ambiente limitado y no están dispuestas a salir de su zona de confort porque tienen miedo, no se preocupe, ya que siempre habrá personas que van a estar dispuestas a apoyarlo, después de todo, si ellos no quieren ¡se lo pierden!

Siempre hay personas negativas e incrédulas, pero lo más importante es que se asegurare de que la persona negativa e incrédula no sea usted mismo.

Los desafíos de la vida le dan uno y mil motivos para creer que no puede lograr algo, pero no se preocupe, ya que esto es normal, cuando lo intente se dará cuenta de que no siempre habrán obstáculos en el camino.

Lo más difícil de llegar a tener éxito es que se convenza a usted mismo una vez, ya convencido lo demás es pan comido.

En la vida tenemos que ser buenos ejemplos para los demás, darles ese mensaje de esperanza. Existe una gran diferencia en como hacían las cosas nuestras raíces y antepasados, ya que a millones y millones de casos se nos ha inculcado desde que nacemos únicamente a trabajar duro de sol a sol, de lunes a viernes, enseñándonos que no hay algo más para nosotros; para muchos este tipo de creencias se pasan de generación en generación de la familia y solamente se puede destruir demostrándoles con el ejemplo que si venimos del campo o si no fuimos buenos en la escuela también podemos ser empresarios, podemos demostrarles que para el alcohólico y el drogadicto también hay esperanza. Todo esto pasa cuando hay un valiente, llamado la oveja negra de la familia, que está dispuesto a poner el ejemplo, ese es el responsable del cambio en generaciones enteras de familias.

La biblia nos relata que en Dios le advirtió a Noé sobre un diluvio que cubriría toda la tierra de agua, de la misma manera Noé advirtió a sus vecinos y a todos los demás, diciéndoles que por lo tanto tenían que prepararse a lo que se aproximaba; desafortunadamente para ellos, decidieron ser incrédulos, percibiendo a Noé como un loco e incluso mentiroso, todo esto debido a que durante un largo tiempo no llovió, pero Noé, siendo temeroso de Dios, hizo caso a lo que le había dicho. Todos los incrédulos de esa época murieron ahogados por no creer en Noé ni en Dios, si hubieran tenido un poquito de creencia habría sido suficiente para no morir de esa manera.

Tristemente, miles y miles de personas mueren de viejas en un trabajo que al final no les dio ni las gracias ni el reconocimiento por haber entregado su vida entera a eso, simplemente son reemplazadas, como si fuesen una máquina que se descompone y al instante trajeran otra para tomar el lugar de la dañada. Aunque no lo crea, muchas empresas y compañías nos ven simplemente como máquinas productoras de dinero y nada más que eso. Hay millones de personas que cuando el tiempo les reclama que hicieron con él desean regresar para hacer lo que en su momento no quisieron hacer y se convierten en un ejemplo de que si no aplicas tus fuerzas y tus metas hoy te convertirás en uno más de ellos; si aún no está convencido acérquese a algún señor en un trabajo y pregúntele qué piensa acerca de pasar toda una vida trabajando, tome sus palabras como una clara advertencia para su futuro.

La razón por la que decidí escribir este libro es por que ya estoy cansado de ver a tanta gente de nuestra comunidad siendo desvalorizada y reemplazada por máquinas, siendo humillada porque no sabe ni el idioma ni el sistema de este país. Mucha gente vive con el miedo de que harían si los deportan, a donde llegarían o con quien quedarían sus hijos, esposas, esposos, etc.

La única manera en la que podemos acabar con todo esto es si nos unimos todos como hermanos, sin importar de donde vengamos; nos eduquemos de manera personal; y tengamos un gran cambio de pensamiento sobre lo que nos inculcaron en el pasado a lo que hoy en día es.

Por estas y muchas razones más, yo lo invito, amigo mío, a que comience hoy, ahora, este día, tarde o noche; no hay tiempo que perder, porque la vida se le escapa minuto a minuto, lo incito a que no tenga miedo; sí van a haber obstáculos, pero sobre todo tenga fe y confíe en usted.

No permita que sus fuerzas se acaben por servir a alguien más que solo lo ve como una máquina, nuestra comunidad necesita líderes dispuestos a poner el ejemplo de que para todo aquel que crea cualquier cosa le será posible.

Capítulo IV
Trabaje, ahorre e invierta

"Cada dólar cuenta", cada día los ricos se vuelven más ricos porque saben cómo funciona el dinero de la manera correcta, saben en qué momento invertirlo y en qué momento no, la pregunta para usted es si está dispuesto a controlar su dinero aprendiendo las técnicas de inversión y desarrollo.

Empezaremos desde cero trabajando, ahorrando y, como paso final, invirtiendo. Por lo regular cada persona reúne un pago semanal, quincenal o en algunos casos mensual.

Mi primera recomendación es que aprenda a controlar las emociones "gastonas", ya que este tipo de emociones son una simple cortina de humo, esto significa que después de uno o dos días ya no sentirá lo mismo por el producto comprado, por ejemplo: si alguien compra un carro de veinte mil dólares al siguiente mes ya se habrá aburrido de ese carro porque quiere otro que le llama la atención, pero ese otro carro estará valorado en otros veinte mil dólares, esta es una persona que se deja llevar por las emociones. Lo que quiero decir es que se debe concentrar más en el pensamiento que en las emociones que vienen del corazón, porque, aunque al momento las emociones sean más fuertes que el pensamiento, muchas veces la mente reacciona y le hace saber a la persona cuando algo le traerá consecuencias. Si aún no es rico le recomiendo que compre únicamente lo que necesitas y lo demás guárdelo en ahorros, recuerde que cada dólar cuenta.

Mi segunda recomendación es que tome apuntes de cuanto dinero gana y de cuánto dinero gasta mensualmente, así podrá determinar si estas gastando mas de lo que gana; en otras palabras, se dará cuenta hacia donde se está yendo su dinero. Tenga en consideración que cuando se hacen planes también se debe hacer algunos sacrificios, tales como dejar por un rato los reventones y las amistades de fin de semana. Un consejo muy útil es que no se tiene que apostar el dinero en tontos juegos de azar, mucho menos apostarle a una máquina programada, por desgracia mucha gente no entiende que ningún dueño de negocio pondría una máquina para perder dinero, solo un tonto haría eso.

Mi tercera recomendación es que debe planificar su dinero, definir para qué es, para cuándo es y por qué razón; un ejemplo es que si tienes diez mil dólares ahorrados pero no sabe qué hacer con ellos hay mucha gente que sí sabrá que en que usarlo, cualquier tipo de vendedor tratará de hacer que se quede en ceros, tenga cuidado con eso, le recomiendo planear, definir y tener una razón por la cual está ahorrando con tanta pasión.

Algo comprobado es que todo sacrificio tiene sus recompensas, así que de ahora en adelante trabaje feliz, contento y emocionado, pues sabe que es cuestión de tiempo que deje de ser un empleado más, simplemente esfuércese por eliminar los gastos innecesarios que detienen su avance. Con todo esto mencionado, no olvide a sus padres, hermanos, esposa o esposo que puedan necesitar algún tipo de ayuda de su parte, con lo que pueda está bien, pero no los olvide; quizás en su camino hacia la prosperidad no les pueda dar lo suficiente a sus seres queridos, pero que eso no lo desanime más, mejor que le de el coraje de hacer lo que tiene que hacer para poder darles lo que quiera y no lo que pueda.

¿Está dispuesto a volar con las águilas?

Por lo general todos tenemos sueños y metas de ser o tener ciertas cosas, ya sea a largo o corto plazo, pero ¿por qué no todos logran sus objetivos? La respuesta es sencilla, porque se dejan llevar por la crítica y las opiniones de los demás, quedando derrotados en su zona de confort, eso es peor o igual que la miseria o pobreza. Antes de que se cruce por su mente darse por vencido yo le recomiendo intentarlo una vez más, prefiera quedarse hasta el final, ya que para ese tiempo estará muy lejos de donde empezó y muy cerca de donde quiere llegar, simplemente no se detenga, recuerde que muchos esperan su fracaso, pero que también hay unos pocos esperando que logre llegar al éxito.

¡Luche por vivir la vida!

Ahorrar e invertir son dos cosas diferentes que lo vuelven más inteligente y aceleran su desarrollo personal, si usted no es rico el ahorro es el impulso que lo llevará a la inversión, pero no sea como algunas personas que se la pasan ahorrando toda su vida, nunca invierten y, por desgracia, viene alguien más a destruir en un par de años esos ahorros de por vida, al final de nada le sirvió ahorrar.

La razón numero uno para no invertir es que tienen miedo a perder esos ahorros, pero una de las preguntas que surgen es ¿los ahorradores de por vida llegan algún día a ser ricos? Mi respuesta personal es que no, y si sí lo logran dígame ¿quién quiere ser rico a los noventa años de edad?

Claro está que al principio tenemos que ahorrar para invertir e invertir para ganar, como lo hacen las personas de grandes éxitos que también aconsejan disfrutar del proceso, tenga muy en cuenta que cada dólar cuenta.¿Ya tiene un plan de inversión? No olvide que la inversión más importante de todas es la que realiza en su mente; ¿ya tiene un presupuesto para poner en marcha su plan? si la respuesta es no yo diría que no se ponga triste, porque aún está a tiempo, mientras esté con vida tendrá oportunidad de comenzar otra vez, le recomiendo que empiece a elaborar su plan de escape de las limitaciones y la rutina diaria, el plan que lo llevará hacia su libertad; si la respuesta es sí, eso es genial, ya es un hispano más y no me cabe duda de que lo logrará, ¡ánimo, usted puede! De algo estoy totalmente seguro y es que si Dios mismo nos da la capacidad de soñar grandes cosas entonces también nos da la capacidad de lograr todo lo que soñamos, porque de no ser así no sería un Dios justo, sin embargo él es totalmente justo y soberano.

Como anteriormente dije, no necesita tener una cuenta bancaria de cien mil dólares para hacer una inversión que le deje jugosas ganancias, como primer paso yo recomiendo abrir la mente, ya que usted llegará hasta donde llegue su mente; como segundo paso recomiendo escribir su plan, ya sea en una cartulina o en algún pizarrón, y pegarlo en la pared donde lo pueda ver todos los días, ya que eso lo mantendrá motivado, además también sirve como recordatorio del por que está luchando tan duro.

Si aún no tiene suficiente dinero le recomiendo no desanimarse, trabajar duro y cuidar de sus ingresos, ya que ese flujo de efectivo es parte fundamental para hacer funcionar su plan, recuerde no hacer compras negligentes o innecesarias, no es recomendable ahorrar el dinero sobre cosas materiales como carros, casas, o artefactos costosos, etc. Lo más recomendable es hacerlo a través de una cuenta bancaria que sea administrada únicamente por sus manos. Una de las cosas por la cual menciono los ahorros sobre cosas materiales es por que ya he visto algunos casos en los que tienen grandes pérdidas, a veces hasta pérdidas totales, tal es el caso de un amigo que adquirió un carro de treinta mil dólares en pagos, los primeros meses estuvo contento con su nuevo automóvil, pero después de un tiempo mi amigo no pudo seguir pagándolo porque su esposa enfermó y para el trabajo se bajó, entonces decidieron regresar el vehículo, del cual ya había pagado un poco más de la mitad, la peor parte fue que el vendedor no les regresó ni un solo centavo por el dinero invertido; entonces es mala idea invertir en cosas materiales, y no solamente por la pérdida de mi amigo, sino por infinidad de pérdidas que se dán en nuestra comunidad, ya que es como caminar con cosas prestadas o caminar sobre la cuerda floja. Es muy importante mantener el equilibrio con nuestro bolsillo mientras se alcanza la riqueza y la libertad.

Aparte de tomar control de sus finanzas se dará cuenta de que también tomará control de cosas tales como su salud, que es lo principal, su dieta, su matrimonio, su relación familiar y su diario vivir; se dará cuenta de que no solamente sus bolsillos se llenarán de dinero, sino que también lucirá como una persona totalmente distinta a las demás, esto no es porque el dinero cambie a las personas, sino que sucede cuando alguien decide cambiar su manera de pensar.

Algo importante a considerar es que tenemos que ser muy creativos con el dinero, abriendo la mente a la imaginación para visualizar maneras en las que podemos cosecharlo y multiplicarlo. Lo más maravilloso de todo esto es cuando ya sabemos dirigir el dinero, porque eso significa que ya estamos listos para enseñarles a nuestros hijos como funciona y cual es la manera correcta de utilizarlo, evitando que caigan en las mismas rutinas que acaban con la vida de miles y miles de personas. Vale la pena atreverse a soñar en grande, de todas formas soñar es gratis; aunque suene un poco gracioso, muchos no se dan ni siquiera la oportunidad de soñar y así mismo se cierran las puertas por su propia voluntad.

Hace siglos, la esclavitud era común en muchas partes del mundo, en ese entonces los esclavos no tenían derecho a opinar ni mucho menos a reclamar los abusos que sufrían día tras día, en otras palabras, no tenían libertad de elegir lo que ellos querían ser, estaban condenados a una vida sin derechos, simplemente sometidos, para ellos no había más que aceptar lo que eran, ¡esclavos!

Hoy en día no estamos condenados de ninguna manera, en cambio aún siendo inmigrantes tenemos derechos, tales como el derecho a la salud o el derecho a un abogado, pero lo más sorprendente de todo esto es que nadie nos condena a nada, sin embargo nos condenamos nosotros mismos. Hoy en día no hay ninguna ley que le prohíba volverse rico ni ser lo que quiera ser, entonces empiece a hacer su propio escape, ¡empiece ya! ¡Recuerde que nació para volar!¿Se ha preguntado alguna vez por qué está en este país y no en su tierra?, ¿se ha preguntado si es coincidencia o suerte que haya llegado cuando muchos claman por una oportunidad de estar aquí?, oportunidad la cual no se les ha otorgado, la razón número uno es que Dios tiene un propósito con usted, un propósito que por título lleva su nombre y que lleva años y años dormido sin usted darse cuenta; el tiempo es hoy, empiece a despertar la llama del fuego que está en tu interior.

Surgen en la mente algunas preguntas sobre como empezar a invertir o qué tipo de inversión está al alcance, las respuestas a esas preguntas están en la misma mente y se encuentran cuando nos detenemos a pensar por un momento, claro está que si responde inmediatamente con un rotundo no entonces nunca lo sabrá, pero si responde de una manera distinta, como "¿qué es lo primero que debo hacer?", "¿cómo puedo hacerlo?", o "¿con quién debo consultar esto?", de manera inmediata su mente empieza a ofrecerle una variedad de ideas sobre como empezar y que es lo que necesita.

En varios casos he escuchado que la gente piensa que los abogados, ingenieros, doctores, etc. Son los únicos capaces de adquirir grandes cantidades de dinero, este es un tipo de pensamiento erróneo, pues la realidad es que cualquiera que deseé riqueza la puede lograr, después de todo, Dios le dio un cerebro a cada quien; lo que quiero decir es que sea de donde sea, tenga o no títulos, diplomas o reconocimientos, es capaz de lograr la riqueza. Como anteriormente dije, la riqueza primero está en la mente y luego se materializa, conozco personas que no pasaron de tercer grado de escuela y son ricos, por si fuera poco tienen hasta su propio doctor, su propio abogado e incluso sus propios contadores, por lo que ni un título ni un diploma garantizan la riqueza, hoy en día lo único que garantizan es un empleo.

En realidad, lo que el mundo necesita saber es que, con títulos o sin títulos, todos merecemos respeto por igual y ser atendidos de la misma forma, pero desafortunadamente, para nuestra época el que tiene dinero es el que manda y la opinión del pobre no vale; mucha gente opina de que el dinero es malo, pero yo les pregunto ¿entonces por qué se levantan a buscarlo todos los día tan temprano? La realidad es que el dinero es malo cuando se le pone en primer lugar, antes que a Dios, pero también hay que ponernos a pensar que con el dinero se construyen hospitales, escuelas, se compran medicinas y se construyen iglesias.

La clase baja necesita mirar al dinero desde otro punto de vista, necesitamos verlo como una herramienta, como un puente que nos lleva hacia donde queremos estar. Quiero enfatizar que el problema está en amar al dinero antes que a Dios, así que ánimo, a ponerle mucho empeño y pasión a esa semilla de riqueza y prosperidad, una vez más recuerde de que no necesita títulos ni doctorados para alcanzar la riqueza, solo necesita tener deseos de crecer personalmente y espiritualmente; use su imaginación y creatividad, y verá cómo las puertas hacia las oportunidades se abrirán por sí solas.

Como dijo hace mucho tiempo el señor Martin Luther King Jr: "si no puedes volar entonces corre, y si no puedes correr entonces camina, y si no puedes caminar entonces arrástrate, pero no te quedes estancado ahí en el mismo lugar".

Yo le animo a que abra sus alas y empiece a volar, Dios le creó con un propósito y está en este lugar por lo mismo, luche por dejarle un gran legado a su familia y el resultado de su cambio será el éxito de mañana para sus hijos, nietos y las siguientes generaciones de su familia.

Sueñe en grande y recuerde que nadie tiene derecho a soñar por usted ni mucho menos a desvalorar sus sueños, nadie puede decirle que no puede hacer algo, todo lo que se proponga en su mente y corazón lo logrará porque usted nació para volar, no para arrastrarte.

Capítulo V
No escuche al compadre

Si hay algo bastante común es que cuando tenemos una inquietud o duda lo primero que hacemos es consultar con el compadre o vecino, cuando realmente muchas veces nos aconsejan de la manera incorrecta, inconscientes de ello; en otras palabras, por querernos ayudar, más nos hunden y es ahí cuando nos desvían de cosas bastante importantes, como casos legales o estados de salud que muchas veces acaban con los impulsos de los demás ¡todo porque se tomó muy en serio el consejo del compadre que no sabe nada!

Menciono esto porque he presenciado cuando el compadre aconseja a su amigo a no presentarse en las citas de la corte diciéndole que le irá muy mal cuando realmente el compadre no sabe nada de leyes, mucho menos de casos legales; otro típico caso es cuando alguien consulta al compadre por alguna dolencia o enfermedad, el compadre le aconseja como si fuera uno de los mejores doctores y por si fuera poco hasta termina recetando medicamentos al azar que ni al caso van con las dolencias o enfermedad de su amigo.

Y es que hay cosas tan deprimentes como cuando alguien que nunca ha estado casado se pone a aconsejar a los demás sobre cómo vivir un matrimonio, diciendo cosas como "Juan, tienes que pegarle a tu esposa cuando no entienda o cuando no te haga caso porque tu eres quien manda", o "no laves los platos ni barras ni trapeés porque ese es únicamente el trabajo de la mujer" y después de dos o tres meses Juan se queda sin esposa por escuchar los consejos del compadre sobre como vivir un matrimonio feliz, esto es muy parecidos a la frase ciegos guiando a otros ciegos. Pienso que tanto la mujer como el hombre merecen respeto y comprensión, sobretodo deben tener una buena comunicación, amor y respeto a su matrimonio, que es muy de los demás.

Lo que necesita es dejar de retener consejos y opiniones absurdas de los demás, después de todo, a partir de los dieciocho años de edad ya sabe muy bien quien le aconseja para bien y para mal, muchos se dan cuenta de que es bueno y que es malo incluso antes de los 18 años.

Claro está que hay consejos buenos, tales como "no te juntes con lobos por que vas aprender a aullar, mejor júntate con las águilas para que aprendas a volar".

Lo que debe hacer es ver y escuchar a personas que ya tienen lo que usted está buscando, aunque a veces le parezcan difíciles sus consejos debe aceptarlos porque son necesarios, también debe prestar mucha atención a cómo muchos se han vuelto prósperos y en cambio, como el compadre aún no ha podido salir de ese cuarto de renta limitado, así se dará cuenta de la gran diferencia entre los consejo que estas dos mentes le pueden dar. El típico consejo del compadre es dulce, fácil y sencillo, pero con un final totalmente destinado al fracaso, en cambio, el consejo de quien ya tiene lo que está buscando no es sencillo, hay un precio que pagar, pero tiene un final lleno de prosperidad, entonces no siga los consejos de los ciegos, ya que estos le dirigirán por donde verdaderamente no debería de ir.

Una forma fácil para informarse sobre como es que muchos han tenido éxito en sus vidas es a través de la lectura de sus libros, quizás no tenga éxito de la misma manera en que los demás lo han tenido, pero si de algo estoy seguro es de que así encontrará buenas ideas que le podrán hacer crecer y mejorar día con día.

Algo muy importante que debo enfatizar es que en esta época la información y la voluntad de querer son poder, entonces, si quiere poder debe tener voluntad para querer y almacenar la mayor cantidad de información valiosa que pueda ayudarle. Un ejemplo de esto es que millones y millones de personas alrededor del mundo tropiezan y caen en los agujeros de la vida, lo más triste es que caen una y otra vez en el mismo agujero, y aún teniendo la luz en sus propias manos, lo único que saben hacer es echar culpas por sus caídas y fracasos, muchas veces culpan a los otros, al pasado o incluso le a Dios, cuando realmente se han caído una y otra vez por su propia voluntad.

Lo que quiero decir es que todo dependerá del tipo de información que poseamos en nuestro cerebro, ya que eso determinará hasta dónde podemos llegar, muchos ni siquiera pueden ver sus días claros debido al tipo de información que poseen almacenado en sus cerebros; recuerde que al principio comparé la esponja con el cerebro y por eso es importante que le metamos agua limpia, osea que lo nutramos con la mejor información que podamos obtener.

Recuerde que la barrera que separa a los ricos de los pobres es únicamente la manera de pensar y las distintas fuentes de información que puedan poseer, no olvide que aquellas personas que se endeudan una y otra vez son las que caen y vuelven a caer en el mismo agujero, la única forma en la que una deuda se convierte en una algo bueno es cuando pide un préstamo al banco para invertirlo y multiplicar su dinero, de no ser así no es nada recomendable endeudarse, ya que así es como el banco tiene trabajadores que le generan mucho dinero.

Es muy importante entender que hay personas que aconsejan de buena fe pero dan consejos totalmente erróneos, aunque también se tiene que considerar que algunos consejos no son del todo malos; a todo esto, la biblia nos aconseja escuchar todo y solamente retener lo bueno, en otras palabras, ser sabio y no menospreciar el consejo de los padres. Uno de los puntos importantes a considerar es que existen miles y miles de compadres que aconsejan a sus hijos, y en algunos casos a hijos ajenos, sencillamente porque en el hogar no hay nadie que contradiga lo que el compadre dice; de ahora en adelante está preparado para no hacer todo lo que los demás aconsejen, pero profesionalmente saber como responder de manera adecuada a este tipo de personas que a veces también son sabelotodo.

En los caminos de la vida es imposible no fallar, sin embargo perfecto solo es Dios, una vez más quiero decirle que no tengas miedo a fallar, después de todo, las personas que hoy tienen éxito son aquellas que más errores han cometido, claro está que no importa cuantas veces se haya fallado, sino lo que se ha aprendido de cada error cometido; de igual manera, no importa cuantas veces se caiga, lo que verdaderamente importa es cuantas veces esté dispuesto a levantarse.

Hace unos días estaba llenando mi tanque con gasolina en una estación de gas cerca de mi casa, cuando de repente pasó un señor trigueño, bajo y de buen parecer, era un hispano con traje y corbata bien planchados y con excelencia de presentación. Me di cuenta de que cuando este señor estaba haciendo fila había algunos atrás de él tratando de hacerle algún tipo de burla, pero lo interesante es de que el señor mostró totalmente una actitud de ganador, hasta se rió con ellos y crearon una amistad, en ese preciso instante se demostraron dos diferentes personalidades.

No olvide que el consejo de alguien que está igual o peor que usted es como veneno que mata el alma: se presenta como un camino sencillo y dulce, es el camino de la conformidad y de aceptar ser un mediocre, después de todo ¿por qué escuchar a alguien que se la pasa quejándose de su vida, pero no hace nada para mejorarla? La respuesta a esta pregunta es tener cuidado con los ciegos, recuerde que los más ciegos no son aquellos cuya vista está en malas condiciones, sino aquellos que no ven donde están parados y tampoco ven hacia dónde se dirigen.

Capítulo VI
Sea feliz mientras obtiene lo que quiere

La felicidad y el éxito son estados mentales, algo muy importante para mi y que también le recomiendo es que no espere a tener dinero ni lujos para poder ser feliz, la felicidad está dentro de nosotros al igual que la amargura, así que debemos aprender a ser felices con lo poco que tenemos mientras conseguimos aquello que deseamos, digo esto porque en la actualidad millones y millones de personas pasan su vida detrás de el dinero y los lujos creyendo que en ese tipo de cosas se encuentra la felicidad, pero no están más lejos que de la verdad. He sabido de ricos que se quitan la vida porque no son felices y también he observado a pobres que son más felices que algunos ricos que conozco, entonces la felicidad es un estado mental que se fabrica primero en el corazón y luego se transmite al cerebro, al igual que el éxito, entonces tener una mente saludable significa tener un corazón saludable.

Yo recomiendo practicar algún tipo de deporte, conocer nuevas personas, hacer ejercicio, salir a caminar a algún parque y respirar profundo el aire puro; también recomiendo visitar la playa y una iglesia, independientemente de cual sea tu tipo de religión.

Hay personas que tratan de acabar con la paz de los demás o amargar las vidas de otros, por ejemplo los conductores enfurecidos que por cualquier cosita maldicen a las demás personas o los patrones que se ocupan de que sus trabajadores pasen un día malo y lleno de frustración, pero ¿qué sentido tiene amargarle la vida a los demás? Creo que las personas de mal carácter son aquellas que están llenas de tanta basura que lo que buscan es compartir su basura con las demás personas y así sentirse más libres de la peste que tienen en su mentes; lo que quiero decir es de que la gente amargada desea que usted también sea amargado y que caiga en su jueguito de amargura, pero hay una alternativa para evitar el contagio de este mal mental, lo principal es tener una mente activa y fuerte que pueda rechazar la basura que alguien más quiera echarle; lo segundo es que si alguien le dice que está feo usted respóndale que él o ella está guapo, y si alguien le dice que es tonto dígale a esa persona que es brillante e inteligente y que la admira, verá que inmediatamente cambiará de parecer con usted. Cuando pueda reaccionar de esta manera ante alguna situación de este tipo ya estará preparado para rechazar al siguiente que quiera compartir su basura con usted.

Recuerde que hay cosas mucho más importantes que el dinero, como la familia.

De mi parte le recomiendo que invite a su pareja una cita especial a cualquier lugar al que usted desee invitarla, el secreto para hacer esa cita tan especial está en dejar su celular, ya sea en su carro o en silencio en su bolsillo, pero, por más que quiera utilizarlo, no lo toque y pídale a su pareja de que también haga lo mismo, se dará cuenta de que tendrá conversaciones bastante interesantes debido a que se permitieron hablar de persona a persona y no de persona a celular; y es que en esta época las personas están más conectadas que nunca a un celular, como si eso les generará ganancias, sin embargo se alejan de la realidad y lo único que ganan es perder su tiempo. Por si fuera poco. las personas adictas al celular son las más miedosas, las menos activas y las que más le temen a emprender una aventura en lo desconocido.

Le recomiendo desconectarse de todo aquello que está lejos de la realidad, por ejemplo de su celular, ya que eso le permitirá a su mente tener más espacio para pensar en cosas nuevas y reales; no duerma con su celular bajo la almohada, para que en las mañanas, al momento de despertar, el celular no sea lo primero que sus manos toquen. En mi opinión, las redes sociales, que tanto dicen tener un mundo más conectado, lo único que han logrado es mantener al mundo desconectado de la realidad y esto es una verdad que no puede ser contradicha, mire a su alrededor ¿cuántas personas están frente a un celular conectadas a una red social? ¿Cuántas personas están en un restaurante comiendo frente a su celular? véalo en las paradas de autobuses y véalo en su casa. Las personas dicen que hay que mantenerse al tanto de lo que está pasando en el mundo del internet, pero olvidan por completo mantenerse al tanto de sus vidas personales y sus estados financieros. No es nada nuevo que un niño de nueve años tenga un celular de ultimo modelo, tampoco que algunos padres críen a sus hijos a la manera de un dispositivo electrónico, pero ¿a los años que pasa? Lo que sucede es que nuestros niños no están listos para enfrentarse a la realidad y mueren siendo pobres, al igual que el bisabuelo, abuelo y padre.

Por una parte la tecnología nos ha brindado grandes avances y comodidades, pero por otra nos ha quitado algo sumamente valioso y eso es la comunicación familiar, por si fuera poco, ahora la manera de conquistar el corazón de una dama es a través de un mensaje y la imagen de una rosa, eso solo demuestra que hemos perdido cosas valiosas en la vida, como nuestras raíces, cultura, costumbres y, muchas veces, la esencia de un hombre hacia una mujer. ¿Acaso un mensaje o una llamada telefónica es lo mismo que estar en persona y expresar con nuestras propias palabras lo que sentimos hacia alguien?, y ¿cómo es que para algunos padres es suficiente ver sus hijos a través de una pantalla y no verlos de frente a sus ojos? En definitiva debemos configurar nuestro sistema de vida adquiriendo los valores y principios que hemos perdido, también necesitamos educar nuestros hijos a través de la realidad y no a través de un sistema virtual que se roba los valores y principios de la sociedad.

Mientras, miles y miles de personas se quejan de sus vidas, tal vez porque su sueldo no es suficiente, porque quieren tener lo que los demás tienen o quizás porque piden y piden al cielo, pero no actúan para nada; por otro lado hay miles y miles que desean tener la oportunidad que los demás tienen. Hace un tiempo visité un hospital y me di cuenta de que a veces nos quejamos sin razón alguna, vi gente que lucha por sus vidas en una sala de operaciones y otros que dependen de una máquina para seguir viviendo, no es necesario visitar un hospital para hacer consciencia de esto, en muchos semáforos de la ciudad hay personas pidiendo limosna para sobrevivir, ya que les faltan sus piernas, manos o incluso están los que no pueden moverse; este tipos de casos si son realmente duros, son golpes fuertes, sin embargo, ellos desean una oportunidad para demostrar que para todo aquel que se proponga algo es posible lograrlo. Recomiendo a todos aquellos que están emprendiendo algo nuevo que luchen por vivir la vida, el mundo es para todos pero sobretodo para los atrevidos de corazón, esos que no aceptan un no por respuesta y, si se van a rendir, se rinden únicamente a los pies de Jesús.

Algunas personas no son felices porque en realidad no tienen un motivo para serlo, unos simplemente se acostumbran a tener una vida fría y solitaria, otros porque tratan de agradar a los demás con cosas que realmente no les gusta hacer, cuando en verdad deberían quedar satisfechos con ellos mismos. En lo personal reconozco que Dios es la base de mi felicidad, yo le invito a que lo conozca, vea que lo que para nosotros es imposible para él no y que todas las cosas que nos suceden siempre actúan para bien.

Como punto principal, debemos de marchar hacia delante con todas nuestras fuerzas, sin mirar atrás, sin tener miedo a las heridas del pasado o el qué dirán los demás, ya que si usted no lo hace, ¡nadie lo hará por usted!

Como segundo punto, cada día debemos agradecer la oportunidad que se nos da de amanecer con vida y darnos cuenta de que hay miles y miles queriendo estar en nuestro lugar.

Como tercer punto, debemos luchar con todas nuestras fuerzas, hacer lo que nos gusta hacer y tener un acercamiento con el señor, ya que Dios es luz en la oscuridad, paz en la tormenta y está disponible para todo aquel que le busque. Anímese a buscar la paz espiritual y también, como parte del paquete, la salvación eterna, ¡todo esto es totalmente gratis!

Capítulo VII
Mente y el corazón

Una de las preguntas que muchos se hacen es que si la mente tiene límites o no, si tiene cierta capacidad de almacenaje de aprendizaje; la opinión definida de muchos expertos es que la mente no tiene límites, que está dispuesta a almacenar todo lo que el ser humano esté dispuesto a aprender y hacer y que se desarrolla de acuerdo a la constante información que diariamente le podamos meter a nuestro cerebro, es decir, hay personas mas inteligentes que otras no por arte de magia, sino por la constante aplicación a un cierto estudio, por ejemplo si ponemos a un maestro de matemáticas y a un maestro de física, los dos, de alguna manera, son mejores según el área de su especialización, pero si el maestro de matemáticas procura ser maestro de física también esta habilitado para serlo, debido a que el cerebro aprende y almacena todo lo que se le puede meter.

El corazón es como un mar de grandes y profundos de secretos, se dice de que algunos pensamientos vienen del corazón y también que en el corazón se forman las intenciones, tanto para bien como para mal, es decir que cuando alguien siente el deseo de ayudar a los demás esa intención viene del corazón, también vienen del corazón los impulsos de alguien que trata de dañar a otra persona; otro ejemplo es lo que está escrito en la biblia, diciendo que de la abundancia del corazón habla la boca, entonces tenga en cuenta de que las palabras hirientes o palabras de ánimo también vienen del corazón.

El corazón también es como un sensor que se activa al estímulo de los sentimientos. ¿Alguna vez ha sentido algún tipo de estímulo en el corazón cuando siente que ama a una persona?, ¿qué siente por sus hijos?, ¿qué siente cuando ya esta apunto de llegar ese día tan esperado?, ¿qué siente cuando alguien le da una mala noticia acerca de algún familiar? Ahora se da cuenta de que en el corazón siente cuando algo está bien o está mal y que del corazón salen impulsos grandes y esenciales en un matrimonio y en la familia. Ahora imagine si conectamos la mente con el corazón con el fin de lograr un solo propósito, yo diría de que solo Dios puede detenerle y de ahí no hay nada ni nadie quien pueda parar un propósito del corazón y mente.

¿Qué es lo que usted desea darle a sus hijos?, ¿qué es lo que a su mama o su papá le haría feliz de usted?, ¿en qué condiciones le gustaría ver a sus hermanos?

"Permita que su corazón y mente sean uno solo y se sorprenderá de lo que usted es capaz de hacer". La riqueza viene de la mente y la motivación viene del corazón, es ahí donde potencialmente aparece la sabiduría para mantenernos donde queremos estar, ya sea sabiduría financiera, personal o social, entre otras.

Podemos decir que uno de los secretos de la mente y el corazón es que no solamente se puede dar en un solo cuerpo, también es posible lograr una conexión exitosa cuando la mujer y el varón se unen con un solo propósito, es decir que el hombre es la mente del plan y la mujer es la motivación o el motor del propósito, esa es una de las razones por las cuales Dios creo a la mujer y al varón, para que fuesen uno solo con un solo sentir, y para que cuando uno esté cansado el otro esté ahí para ayudarle y levantarle; de igual forma podemos decir que la mujer es la mente y el hombre el corazón.

¿Alguna vez ha escuchado a un hombre exitoso decir que su éxito es gracias a su esposa?, ¿o a la mujer darle gracias a Dios por la excelente pareja que le ha dado?

Después de todo, dos cabezas son mejor que una y dos corazones laten más fuerte que uno solo.

Hace unos días alguien me pregunto que qué era más fuerte, si la mente o el corazón, en lo personal creo que están a un cincuenta-cincuenta, ya que los dos organismos influyen en todo nuestro alrededor, pero los dos funcionan y reaccionan de distintas maneras, un claro ejemplo de esto es cuando alguien le hace una propuesta de algo, ahí es cuando la mente se activa y analiza, pero a medida de que la propuesta se vea atractiva o encantadora entra el corazón y empieza con las emociones.

¿Ha escuchado alguna vez decir que es difícil vivir con alguien que no sabe lo que quiere? Claro, eso pasa casi todo el tiempo, pero la razón de por la cual estas personas no saben lo que quieren es porque su mente está lejos de una conexión con su corazón.

Uno de los puntos importantes a considerar es que debemos de mantener al corazón muy bien entrenado contra el arma mortífera que puede ser la lengua humana, la lengua es capaz de destruir sueños, metas, deseos y hasta traer la muerte a las personas, además puede mantener a las personas cautivas en pensamientos de miedo y dudas. ¿Ha escuchado alguna vez un dicho que dice que las palabras duelen mas que un golpe? Déjeme decirle que esto es totalmente cierto, un golpe le puede durar unas horas de dolor, sin embargo unas palabras equivocadas o mal dichas pueden durar años y años, la única forma de liberarse de esto que se llama rencor es perdonando a quien una vez trató de hacernos daño con sus acciones o palabras, pero definitivamente no estar cerca ni en contacto con esa persona tóxica.

"Prepara y entrena tu mente y corazón para que no perezcan por la espada mortífera de la lengua"

En la actualidad vivimos rodeados de muchas personas que se dedican a destruir la vida de los demás, pero lo mejor que uno puede hacer es no permitir que la basura de los demás entre e invada nuestros pensamientos. Hace unos días me dirigí con respeto y un buen tono o a una señora que estaba molesta, cuando de repente, como si yo fuera su enemigo, empezó a levantar la voz y a decir un sin número de palabras hirientes y tóxicas, en ese momento lo que hice fue desearle un hermoso día y que se cuidara mucho; lo más importante de todo esto es que no debe discutir con ninguna persona, pues se bajará a su nivel, ahí le ganará por experiencia de ignorancia y usted no ganará de ninguna forma; entonces, si alguien quiere arrojar su basura hacia usted, definitivamente rechace como un campeón o campeona y no como un inexperto que se baja al nivel de este tipo de personas tóxicas.

Uno de los secretos que tiene el corazón es que también es capaz de sobrecargarse tanto con emociones buenas como emociones malas. ¿Alguna vez ha mirado a alguien llorar cuando perdona al prójimo?, ¿alguna vez ha mirado cuando alguien habla cosas tóxicas para los demás? ¡Recuerde que de la abundancia del corazón habla la boca! En todos los casos de un perdón, la persona llora debido a que su corazón siente que se ha ido un gran peso de sí y que ya está en paz, por eso es que Dios nos dice "venid a mi todos los que estén cansados, que yo los haré descansar", ahí se refiere a todos los corazones cargados con oscuros recuerdos, con rencores, con angustias etc.

A lo largo de este libro usted se ha dado cuenta de que el éxito se puede lograr tan solo usando la mente y el corazón, teniendo un enfoque profundo y definido de lo que usted quiera. Recuerde que el activo más importante está en su mente, y a medida que su creatividad y conocimiento crezcan, así crecerá su estado financiero. Las oportunidades de grandes ingresos económicos no se ven con los ojos, sino con la mente, digo esto por que a muchas personas se les presentan oportunidades de ganar mucho dinero, pero como no tienen una mente activa simplemente omiten estas oportunidades; donde el rico mira un edificio grande y hermoso, el pobre solo mira grandes ruinas y no ve futuro alguno de prosperidad. Tenga en cuenta que la gran barrera que separa a el rico del pobre es únicamente la manera de pensar o el tipo de pensamiento que estas dos clases poseen.

Hay algo que es realmente cierto, le costará lo mismo pensar de forma negativa que pensar de forma positiva, entonces, si las dos cuestan lo mismo, la mejor decisión sería pensar de manera positiva. Recuerde mantener un corazón nutrido y entrenado para rechazar todo veneno que pueda salir de alguna lengua venenosa.

Confíe en usted plenamente, que no hay nada ni nadie que pueda detener su éxito, recuerde que su éxito será ocasionado por usted mismo y por nadie más.

Le animo a que confíe en usted, después de todo, si usted no confía en usted mismo nadie lo hará en su lugar.

Descubra que las mieles de la libertad saben muy diferentes a las de un trabajo continuo, recuerde que los frutos de sus sacrificios también serán para sus hijos y nietos, tenga muy en cuenta su legado y pregúntese una vez más ¿Cómo quiere que le recuerden?

Metas

Yo _____ voy a cambiar mi manera de _____

Yo _____ me comprometo este mes a _____

Yo _____ voy a confiar en mí y en _____

Yo _____ deseo que mi hijo tenga _____

Yo _____ me comprometo a luchar hasta que tenga _____

Yo _____ voy a luchar por mis padres hasta que _____

Yo _____ voy a demostrar que _____

Yo _____ seré el primero en llegar a _____

Yo _____ voy a ganarme el respeto de _____

Yo _____ deseo que me recuerden por_____

¡Deseo que sus metas y sueños se hagan realidad!

"Nadie sube a la cima por caminos planos"

"El que no se atreve no gana"

"El que no comete errores no aprende"

"El que no ve para delante atrás se queda"

www.ingramcontent.com/pod-product-compliance
Lightning Source LLC
LaVergne TN
LVHW041541060526
838200LV00037B/1090